I0474471

¡Sea listo!
Comunique como los periodistas:
5W's & 1H, simple pero efectivo

Benjamín Morales Meléndez

Copyright © 2015 Benjamín Morales Meléndez

All rights reserved.

ISBN: 1507667760
ISBN-13: 978-1507667767

DEDICATORIA

A mi hijo Fidel Antonio, quien ha batallado contra la
dureza de la vida con su inteligencia, terquedad e inocencia
no buscada. Que la vida te llene de gente bella, de buenos
tratos y de una realidad que no sea canalla.

CONTENIDO

	El Autor	i
1	El Contexto	1
2	Preguntas simples, pero complejas	Pag. 10
3	*What?!!!!!*	Pag. 19
4	*Why?*	Pag. 30
5	*How?*	Pag. 45
6	*Who?!!!*	Pag. 51
7	*When? & Where?*	Pag. 55
8	El rollo del *Which?*	Pag. 57
9	Esa pregunta que duele… *How much?*	Pag. 59
10	El Cierre	Pag. 61

EL AUTOR

Benjamín Morales Meléndez ha sido periodista por más de 20 años. Ha trabajado como reportero, editor, fotógrafo, productor y camarógrafo en varios de los más importantes medios de comunicación en español, tales como Eco Noticias de México, Prensa Asociada y la Agencia EFE de noticias. También ha laborado en la televisión y radio puertorriqueñas, y los últimos años se destacó como director asociado en los diarios del Grupo Ferré Rangel: Primera Hora (2009-2011) y El Nuevo Día (2011-hoy día), este último uno de los más prestigiosos de América Latina y líder en el mercado digital e impreso en la región. Allí acumuló una amplia experiencia en aspectos gerenciales, al manejar complejos procesos de transformación organizacional, como el cambio de una redacción impresa a una digital en Primera Hora y la unión de los grupos de trabajo de ambos diarios en una redacción común bajo un concepto multimedio (textos, fotos, vídeos, gráficas, etc.), multiplataforma (*print*, web, *mobile web*, aplicaciones, redes sociales, etc.), multimarca (El Nuevo Día, Primera Hora, Índice, etc.), multiproducto (los productos dentro de las marcas, como secciones fijas, revistas,clasificados, especiales, etc.) y multiaparato (periódicos, computadoras, tabletas, teléfonos, televisores, consolas de videojuegos, etc.). Estudió periodismo en la Universidad del Sagrado Corazón en Santurce, Puerto Rico. Es miembro del *Spark Camp 2014 for Visionaries, Leaders and Managers* y de la *Spark Summit for Newsrooms Leadership and Management*; alumno del *Institute of Media Strategies* en Londres, Inglaterra; está adiestrado en los seminarios de WAN-IFRA; activo como ponente y participante en los seminarios de la Sociedad Interamericana de Prensa (SIP) y fue integrante del equipo de directores editoriales del Grupo de Diarios de las Américas. Actualmente es presidente de su propia firma: *Catalejo Consultants Corp.*

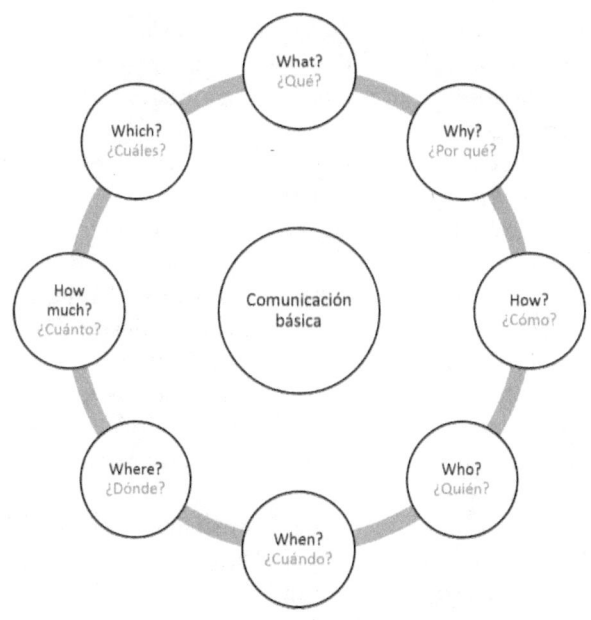

1. EL CONTEXTO

Los periodistas somos la gente más compleja del mundo.

Es cierto, iniciar un libro sobre liderazgo en la comunicación con una declaración como esa podría no tener mucho sentido en un principio, pero esa premisa es fundamental para que se pueda entender la esencia del mensaje y la metodología que aquí se presenta.

Digo eso porque en la redacción de un medio de comunicación tratamos de todo, vemos lo mejor y lo peor del espectro humano en cada jornada, y lidiamos con tanta improvisación obligatoria que se requiere una capacidad de adaptación muy particular para mantenerse a flote. Recuerdo que en una ocasión, mientras trabajaba para la Agencia EFE, me tocó, en menos de seis horas, cubrir a un dirigente político haitiano, a un cardenal católico, al líder de la oposición política puertorriqueña y a un salsero, además de escribir una nota policiaca de un violador. Fue un día de locos.

Así que no es raro que en un día normal en una redacción interactuemos con un escritor de calibre internacional, el gobernante de un país, políticos de toda calaña y matices, algún emprendedor, abogados mal y bien intencionados, el cantante de moda, la miss del momento, el deportista en problemas, el ciudadano buscando ayuda con sus líos comunitarios, algún científico con su estudio más reciente, el dirigente religioso que intenta exponer sus puntos de vista, criminales de todo tipo, policías buenos y malos, y una amplia gama de perfiles tan dispares como la genética en los seres vivos.

Estar preparado para semejante variedad de posibilidades es todo un desafío. No es que todos los días a uno le pase eso, pero la realidad es que con los cambios tecnológicos y los retos de lo que llamo la tiranía de las "multis" los periodistas debemos estar listos para cualquier cosa. Ese escenario provoca que quienes trabajemos en los medios de comunicación tengamos una formación muy particular y un apetito voraz por el conocimiento. Los periodistas no somos abogados, pero sabemos de derecho; no somos médicos, pero conocemos de medicina; no somos atletas, pero sabemos de deporte; no somos músicos, pero entendemos de música... En fin, requerimos de un amplio espectro de cultura general para poder sobrevivir.

O sea, por un lado, los periodistas lidian a diario con un complejo cóctel de personalidades, además de vivir con una imperativa necesidad de procesamiento rápido de información. Súmele a esos dos puntos un ingrediente inflamatorio: la presión. Los periodistas trabajan contra el reloj. La información no espera, al igual que la audiencia que la consume. Usted no puede suspender un noticiario de televisión porque hubo un retraso en la entrega de información, tampoco puede apagar una radioemisora de noticias porque le faltan datos, no actualizar un sitio digital porque no encontró materia prima o dejar de imprimir un diario porque el tiempo faltó. Los periodistas vivimos día a día con el sí o sí, o sale o sale, sin contemplaciones. Aquí no hay mañana y esa es una cuota tremenda de presión.

Entonces, ¿cómo los periodistas se las inventan para nadar en un caldo tan espeso e inestable? ¿Cómo hacen para lidiar con tanta gente disímil? ¿Cómo hacen para conocer de todo un poco? ¿Cómo sacan los pies del plato en medio de tanta presión? Pues fácil, el secreto está en saber usar los conceptos encerrados en las *5W's & 1H*.

Este "método" es una constante que nos permite dar orden y lógica a este mundo de locura y presión. Nos da la capacidad de priorizar. La clave está en que los periodistas siempre estamos buscando las respuestas a estas seis preguntas fundamentales: qué o *what*, por qué o *why*, cómo o *how*, quién o *who*, cuándo o *where* y dónde o *when*, lo que en inglés es conocido como el concepto *5W's & 1H*. A ellas se suman otras interrogantes como el cuál o *which*, o el cuánto o *how much*. Lo que podamos añadir a eso es lo que decora la información, lo que la viste y la hace ver atractiva, pero el tronco, la base, el origen, son estos seis lineamientos, sumados al cuál y el cuánto. Sin respuesta a ellos no hay historia periodística. Lo más significativo, sin embargo, es que este es un método simple, pero muy efectivo, y cuando se trabaja bajo presión, la simpleza y la efectividad toman un rol protagónico.

Seguir este método es tan importante para el periodismo que el mero error de obviar una de las respuestas genera muchos problemas en la cadena de producción de, por ejemplo, un periódico.

Cuando al borde del cierre de la edición se recibe una nota que salta el cuándo ocurrió un hecho, o quién lo hizo o peor que eso, se ignora un por qué, se desata una crisis que usualmente genera acaloradas discusiones, regaños y hasta acciones disciplinarias. Es que dejar sin responder una de esas preguntas en una historia periodística es no tener la receta completa, es faltar a la materia prima, es como dejar el guacamole sin aguacate, cebolla o tomate... Sin sabor.

Recuerdo una vez, cuando era un novato en Prensa Asociada, que viví una de esas imperdonables. Se reunía en Puerto Rico una importante organización de intelectuales de corte mundial llamada el Club de Roma. Hice una nota buenísima, creía yo, atacando todos los temas de actualidad que aquejaban al mundo y las posibles soluciones dadas por estas mentes privilegiadas. Envié la nota muy entusiasmado a la mesa internacional y recibí un mensaje que jamás olvidaré: "Benjamín, excelente historia, pero se te escapó un pequeño detalle, ¿podrías explicar qué rayos es el Club de Roma?". Mi ego, claro es está, resultó muy herido, pero desde aquel momento he vivido obsesionado con siempre tener las respuestas a esas preguntas, tanto a nivel periodístico, como gerencial y personal. Y cuando no las tengo, pues así lo dejo saber, porque esas preguntas siempre deben responderse con certezas, nunca con incertidumbres. Esos largos años de compulsividad en la búsqueda de respuestas simples, pero efectivas, comenzaron a tener un efecto más práctico para mí en el ámbito profesional.

La llegada a un ambiente más gerencial que periodístico fue el escaparate perfecto para probar el método periodístico en un clima organizacional. Primero vino el llamado proyecto de convergencia en el diario Primera Hora, el cual me tocó dirigir por encomienda del equipo gerencial de la empresa. En el 2007 comenzamos, en esencia, a transformarnos de un diario impreso a una compañía de la era digital. Era un proceso complejo, porque los periodistas somos complejos. De momento se trataba de dejar de trabajar para el impreso del otro día en exclusividad y comenzar a alimentar una plataforma digital que devoraba información segundo a segundo, no solo con textos, sino con vídeos, fotos, gráficas, bitácoras, en fin, todo un mundo nuevo. Se trató, por lo tanto, de un gran cambio.

Vender cambio a los seres humanos es un tema muy complicado, pero vender cambio a los periodistas es más complejo aún, porque la mayor desventaja de trabajar con tanta presión, tanto conocimiento y tanto perfil distinto es que genera una propensión casi natural a la desconfianza y un amor muy particular a no moverse sin entender el <u>por qué</u>. En concreto, para convencer a los periodistas de que ahora debían trabajar en digital debíamos responder a las *5W's & 1H*. Nos daban un poco de nuestra propia medicina. Pero, a la vez, ese desafío abría la puerta a que el proceso fuera más simple de lo que esperábamos, pues si respondíamos esas preguntas con contundencia, la mitad del camino estaba recorrido. Y así fue.

Después de un largo proceso de documentación y planificación, encontramos —no solo yo, sino un grupo de competentes editores- las respuestas correctas y presentamos el proyecto a una redacción llena de dudas y de preguntas. El resultado fue impresionante, con un mínimo de interrogantes y mucho entusiasmo para enfrentar lo que venía. Y no fue complicado, solo respondimos <u>qué</u> íbamos a hacer, <u>por qué</u> lo estábamos haciendo, <u>cómo</u> lo íbamos a hacer y <u>cómo</u> los afectaba a ellos, <u>quién</u> lo iba a hacer y a <u>quién</u> tocaba de cerca, <u>cuándo</u> se iba a ejecutar y <u>dónde</u> se iba a planificar y llevar a cabo. Así compramos apoyo, entusiasmo y confianza.
Gracias a ese proyecto nos dimos cuenta todos los involucrados -alta gerencia, el equipo de editores que laboró en el proceso y el personal de plantilla- que no hay que tenerle miedo a la palabra cambio.

En lo personal, de hecho, hacerle frente a ese proceso de transformación fue el punto que impulsó mi carrera y me llevó de ser editor de Deportes a, eventualmente, dirigir el diario. Igualmente, a la compañía le dio un gran empuje, a tal punto que se tomó la decisión de juntar dos empresas que por una década habían competido de tú a tú, para convertirlas en un solo ente corporativo y crear el mayor grupo de comunicación del país. Era el nacimiento de GFR Media, la entidad producto de la unificación de los diarios El Nuevo Día y Primera Hora, a la cual se sumó más tarde el diario gratuito Índice.

Este sería, claro está, un proyecto mucho más complicado dirigido por la Familia Ferré Rangel del cual no me corresponde dar detalles, pero su éxito era fundamental para preparar la organización de cara a un clima corporativo que se ha llegado a conocer como "la tormenta perfecta". Ese término se refiere a que las empresas periodísticas en todo el mundo han visto una fragmentación de su negocio impreso promovido por tres factores fundamentales: una severa crisis económica, una reducción en la inversión publicitaria y la merma de la circulación de los impresos, motivada en su mayoría por la aparición de nuevas plataformas digitales. Para ello, fue vital establecer un enorme cambio cultural y diseñar respuestas directas en la comunicación para garantizar el éxito de la organización, lo cual se consiguió.

Así las cosas, solo queda entrar en cancha con cada pregunta y su particularidad. Pero antes quisiera puntualizar algunos temas de fondo. Es importante aclarar que este no es un libro de periodismo ni pretende dar una descripción detallada del cambio en una redacción periodística en tiempos modernos, por lo cual siento desilusionar a aquellos que anden en búsqueda de ello. Este libro es más bien un catálogo de claves de comunicación que busca hacer más fácil el liderazgo de procesos de cambio. Es, por lo tanto, un libro de comunicación profesional y organizacional.

Decidí escribirlo por tantas malas experiencias vividas con el paso de los años. He ido a decenas de seminarios y otros tantos talleres, he estado en centenares de reuniones y he tenido miles de conversaciones para delinear proyectos de trabajo. Me he sentado a la mesa para escuchar planes o tener charlas de trabajo con dirigentes políticos, empresarios, académicos, publicistas, técnicos, consultores y colegas en Europa, Estados Unidos, América Latina y el Caribe. He escuchado cientos de discursos de todo tipo. Y en contadas ocasiones, muy contadas, me he encontrado con personas que hayan logrado comunicarme con claridad sus ideas y llevado un mensaje directo sobre sus intenciones y sus planes para ejecutarlas.

Recuerdo una vez <u>cómo</u> dos de los principales funcionarios económicos del gobierno nos convocaron a un "adelanto" de lo que sería su plan para salvar las finanzas públicas. Aquello dio pena. No tenían un documento que pudiéramos seguir, las ideas fueron presentadas de manera desordenada y todo el staff editorial del diario salió más confundido que convencido de lo que pretendían hacer. Ni contarle lo que pasó cuando intentaron presentarlo al país, un completo desastre. Aquel escenario me motivó a aportar un poco a que la comunicación mejore y a dar algunos puntillazos que colaboren en hacer más fácil los procesos de cambio.

Tampoco es que me considere una especie de viejo barbado en la cima de un monte predicando mi verdad. No, no es de eso que se trata. Lo que voy mostrarle es <u>cómo</u> el uso de estas preguntas simples puede ayudarle a reparar muchos de los problemas de comunicación que enfrentará como líder en un proceso de cambio. Le mostraré ejemplos y, sobre todo, le describiré la importancia de cada pregunta y le daré ideas para ejecutar este método en su.

La idea es que usted ser convierta en un mejor líder, no en un mejor gerente. Gerentes hay muchos, líderes, pocos. Y con estas herramientas convertirá a los integrantes de su equipo y a los miembros de su organización en mejores profesionales, el cual debe ser el objetivo supremo de todo buen líder.

Lo que aprenderá aquí lo podrá poner en práctica rápido, sin muchos problemas, porque como les he comentado ya, lo mejor de este método es que es simple, pero efectivo. En la primera reunión para comunicar un plan que haga, póngalo en práctica y mire las reacciones.

Este libro lo puede leer en la oficina, en casa, en el baño… Puede bajarlo a su tableta o móvil y leerlo donde guste.

En fin, si toda una industria global como la de las noticias se construyó sobre estas preguntas simples, si todo el mundo se mueve al escuchar las respuestas a ellas, <u>cómo</u> es posible entonces que no sirvan para el día a día en su trabajo o en su vida, o para generar cambio, ese ingrediente que el ex presidente de Estados John F. Kennedy, calificó como "ley de vida".

2. PREGUNTAS SIMPLES, PERO COMPLEJAS

El origen del sistema de las *5W's & 1H* no es nuevo ni me lo he inventado yo. De hecho, no hay quien pueda reclamar derechos de autor sobre él. Es un concepto muy antiguo, que hay quien pueda sostener que viene desde los filósofos griegos y romanos, pensadores que siempre quisieron entender el <u>por qué</u> de las cosas de una manera simple y eficiente. No voy a explicar aquí todo el origen de esta fórmula milenaria, pues no es el objetivo del libro, pero sí les puedo contar que su uso es fundamental, no solo en la información periodística, sino en las investigaciones policiales, la formulación de hipótesis científicas y la elaboración de complejos conceptos teóricos a distintos niveles tecnológicos, políticos y empresariales.

Dicho eso y dejado claro que aquí no estamos reinventando la rueda, lo que debemos entender es <u>cómo</u> la ejecución de este método en unas bases diarias es fundamental para cortar caminos al éxito personal, laboral y organizacional.

El periodismo las ha utilizado desde sus orígenes. Grandes

eventos mundiales han sido resumidos con simpleza gracias a estas seis preguntas. Su objetivo es poder contar un evento noticioso completo en un titular y no más de tres párrafos, de modo que al usted leer solo el inicio de una historia periodística ya sepa lo básico de lo ocurrido.

La foto muestra un ejemplo de cómo en un titular y dos párrafos, mediante el uso del concepto de las *5W's & 1H* se contó uno de los eventos más trascendentales de la historia humana. Me perdonan la calidad de la foto, pero tiene sus años largos. Veamos la traducción de los primeros dos párrafos del texto del periódico...

Titular: ¡SE ACABÓ LA GUERRA!
WASHINGTON, August 15 (AP).- *Los Estados Unidos, Gran Bretaña, Rusia y China anunciaron hoy que Japón se ha rendido incondicionalmente.*
El trabajo de desarmar a millones de soldados japoneses todavía debe completarse, pero luce que la paz mundial ha sido restaurada por primera vez desde 1937, cuando Japón invadió China.

En resumen aquí se contó lo siguiente:
¿Qué?: La Segunda Guerra Mundial llegó a su fin.

¿Por qué?: Para que la paz mundial sea restaurada por primera vez desde 1937.

¿Cómo?: Mediante el proceso de rendición incondicional de Japón.

¿Quién?: Estados Unidos, Gran Bretaña, Rusia y China.

¿Cuándo?: El 15 de agosto de 1945.

¿Dónde?: El anuncio se hizo en Washington, DC.

¿Cuál es el poder de estos seis conceptos?

Esa es una pregunta muy válida y tiene una respuesta contundente: la capacidad de ser sumamente simples o espectacularmente complejos al mismo tiempo. Sus mensajes pueden transmitir tanto hechos como falsedades; pueden ser fríos o muy sentimentales, muy positivos o cargados de negatividad, tener tono amistoso, consejero u hostil; pueden construir o destruir dependiendo las palabras que escoja. Las contestaciones que se elijan para estas interrogantes pueden ser blancas o negras, o pintar cualquiera de las tonalidades de grises que hay en el medio, como igual pueden recorrer cualquier punto en el espectro del color. En concreto, los escenarios de estas seis preguntas pueden ser tan extremos como se necesite.

Si se dan respuestas convincentes –lo que no significa necesariamente que sean completamente ciertas, y aclaro esto porque es la pura realidad- se pueden llegar a construir mensajes poderosos con gran influencia en las masas. Ejemplo de ello son las dictaduras fascistas o comunistas que han gobernado y todavía dirigen algunos países en el mundo. Tomemos el caso, por mirar uno en particular, de Adolf Hitler y su Alemania nazi. Su genio de la comunicación, Joseph Goebbels, utilizó sus "11 principios de la propaganda" para guiar al país a respaldar un régimen que provocó la peor catástrofe humana de la historia. Todo basado en un discurso de odio repleto de ideas convincentes, aunque enfermas en su raíz.

La propaganda no es otra cosa que llevar un mensaje al público objetivo que lo convenza, lo adopte y, lo más importante, lo lleve a la acción o a respaldar las medidas que se tomen. Hay, claro está, métodos de propaganda claros u oscuros. En el caso de los nazis, su "genialidad" en el trabajo con la comunicación era para un fin perverso, pero hay ejemplos como el de Mahatma Gandhi, un maestro en el uso de la propaganda, que acabó en la liberación de su pueblo.

Es imperativo destacar que la propaganda se cimienta, desde mi estricto punto de vista, en las seis preguntas que analizamos aquí. En sus principios, Goebbels no hizo otra cosa que responder varias de estas preguntas críticas para dar poderosas garras a su mensaje. Un ejemplo es su "Principio de simplificación y del enemigo único", el cual sostiene que hay que adoptar una idea simple y única, un foco inequívoco, para llevar el mensaje propagandístico con claridad.

Goebbels aseguraba que era importante usar un símbolo que unificase ese mensaje, que en el caso de los nazis fue la esvástica, y que esa idea acusara a un adversario único y tangible, fuera un país, un concepto, un estilo de vida, etc. Los nazis apostaron a centrar su mensaje en la supremacía de la raza aria, que predicaba que todo lo que no era como ellos, era inferior y, por lo tanto, su enemigo, y debía ser puesto a su servicio. Un mensaje simple y al grano: "si no es como nosotros, ódialo". Esto no es otra cosa que la respuesta al qué o *what*, la justificación, por llamarlo de alguna manera, para sus actos.

Cuando se lee mucho sobre la Segunda Guerra Mundial salta a la vista que los mensajes de esta gente eran asombrosamente claros y simples. A continuación lo que creo, muy personalmente, era la esencia de su propaganda:

¿Qué?: Los alemanes son una raza superior y por eso Alemania debe reinar sobre el resto del mundo.

¿Por qué?: Porque las potencias europeas pusieron a Alemania en vergüenza tras la Primera Guerra Mundial y era hora que la "patria aria" se levantara.

¿Cómo?: Mediante el uso de la fuerza. Sometiendo a quienes no se rindieran.

¿Quién?: El supremo líder Adolf Hitler guiaría a la raza aria a la supremacía.

¿Cuándo?: A partir de asumir el poder.
¿Dónde?: Hegemonía total en el continente europeo y el mundo.

Quiero hacer constar que no soy partidario nazi, por aquello de no dejar espacios abiertos a la creatividad de mentes podridas. Solo tomo su caso como ejemplo de <u>cómo</u> una comunicación correcta, aunque sea utilizada para fines poco éticos, acaba funcionando perfectamente, sea para bien o para mal. Eso se llama poder.

Antes les hablaba de Gandhi. Este es otro de esos ejemplos en los cuales se muestra que cuando la comunicación es simple, se puede lograr lo imposible. Este personaje centró su curso de acción en expulsar a los británicos de India sin el uso de la violencia. Su concepto de la desobediencia civil llevó a otro nivel lo que parecía imposible, sacar de carrera a un invasor obligándolo a ser el agresor y convirtiendo el pueblo indio en su víctima.

Desde afuera parecería sencillo, pero Gandhi consiguió semejantes logros en un extremo caldo de cultivo para una guerra civil, con diversas facciones raciales y políticas queriendo tomar el control de la lucha e irse por la vía armada, mientras las divisiones religiosas se hacían palpables. Pero Gandhi triunfó y lo hizo llevando un mensaje simple, pero contundente.

Para él, el primer principio de la acción no violenta consiste en "no cooperar con cualquier cosa que sea humillante". Ahí estaba la clave. En el <u>por qué</u>. Gandhi tenía claro <u>qué</u> quería lograr: la independencia de la India. Fue el <u>por qué</u>, sin embargo, lo que unió a su pueblo… "no cooperar con cualquier cosa que sea humillante". Y los británicos eran expertos en ese tema de humillar a sus colonizados, particularmente a los indios. Los cuentos de la época de la colonización son de horror y no voy a entrar en ellos porque tampoco este es un libro de historia. Vaya y búsquelas usted mismo y entenderá de lo que le hablo. Una simple mirada en un buscador web lo pondrá al día de inmediato. Gandhi sabía que de alguna manera, aunque fuera la más mínima, el denominador común en toda la población era la humillación. Y la usó como su motor, como su pegamento para unir un país sumamente complejo por su composición geográfica, política, racial, religiosa y económica.

Entonces, él convirtió el <u>cómo</u> en un golpe maestro. Usó la no violencia como "el arma" para sacar a los británicos del país. Al no ser violentos, la humillación se hacía más palpable, más evidente. Así se unía más el pueblo y se debilitaba la posición del imperio. Al echar un vistazo sobre el <u>quién</u>, el líder indio estaba claro en que él era la imagen ante la opinión pública, pero el protagonista principal era el pueblo. Gandhi fue incluso cuidadoso en el <u>cuándo</u>. Su mayor clamor de independencia lo hizo en el propio patio del invasor. En la llamada "Conferencia de Londres" se paró ante el mundo y pidió la independencia de su país. Y cuando hablamos del <u>dónde</u>, pues no queda otra que admirarlo. La "zona de combate" de su movimiento eran las calles y la de él era los medios de comunicación. Manifestaciones enormes y kilométricas gritando en silencio, pero deteniendo a su paso la actividad económica de la entonces colonia británica.

Imágenes de él recorriendo el mundo, citas en diarios y revistas con sus discursos inspiradores empujaron su causa a nivel mundial y llamaron la atención sobre los abusos de los británicos en India. Así, con una estrategia simple, Gandhi se ganó la inmortalidad, a pesar de haber sido asesinado por un extremista que no estaba de acuerdo con sus métodos. Ironías de la vida, dedicas tu vida a predicar la no violencia y un integrista demente te asesina.

Hemos visto dos casos extremos de comunicación efectiva. Uno malvado y otro noble, pero ambos efectivos. El denominador común entre ellos: la simpleza del mensaje y claridad en las respuestas a las preguntas fundamentales de la vida. Otro factor vital que sale a flote es el uso de la propaganda con inteligencia, sin confundir la audiencia y corromper la pureza del mensaje.

Entonces, para ser un buen comunicador usted debe

convertirse en un excelente propagandista, pero en el buen sentido de la palabra. Recalco esto porque ya el mundo ha tenido suficientes genios de la maldad como para seguir alimentando la lista, así que espero que usted sea uno de los que use estas herramientas para hacer el bien, no el mal, incluso en su ambiente de trabajo. Construya, no destruya. No es que me ponga a ese nivel, pues ni se me ocurre, pero no me gustaría que me pasara como a Maquiavelo y su legendaria obra "El Príncipe", que ha sido tomada como una especie de biblia para la política malvada y su nombre es utilizado como un mote sumamente negativo para denotar esa mezcla extraña de sagacidad, inteligencia y malas intenciones. "Es maquiavélico", se le dice a ese tipo de gente. No sea maquiavélico, sea un buen comunicador. Ahí está la clave para triunfar en su proceso de cambio.

¿Cómo usted cree que Barack Obama se convirtió en el primer presidente negro en la historia de Estados Unidos? Por sus grandes dotes de comunicación. Lo mejor de todo es que usted no necesita ser un Obama para comunicar bien sus mensajes. Si no tiene el carisma del gran líder, que debemos estar claros que no todos lo tienen, o carece de asesores genios en comunicación, eche mano de estas seis preguntas, respóndalas como si fuera para sí y transmítalas a su audiencia, sea cual sea. Cualquiera puede responder bien estas preguntas y usarlas para explicar lo que de otra manera resultaría muy complicado. Y si no puede responderlas, pues simplemente no tiene proyecto.

3. WHAT?!!!!!

El uso del <u>qué</u> o *what* tiene un valor eminentemente interrogativo. Esta pregunta es el inicio de todo. Si usted no está claro en lo que quiere hacer, pues tiene un serio problema. Es la interrogante que activa la curiosidad y la suspicacia: ¿De <u>qué</u> se trata esto? ¿<u>Qué</u> vamos a hacer aquí? ¿<u>Qué</u> nos van a anunciar? ¿<u>Qué</u> se trae este? ¿<u>Qué</u> quieren de mí? Cuando se cita a una reunión de último minuto, cuando recibimos una llamada inesperada o cuando nos llega un paquete de un desconocido siempre nos preguntamos <u>qué</u> pasará que citaron a la reunión, o <u>qué</u> ocurrió que fulano me está llamando ahora o <u>qué</u> será lo que llegó por el correo. Activamos ese sentido felino de la curiosidad.

Responder esta pregunta busca, por lo tanto, satisfacer la curiosidad de su interlocutor. Es determinante, por lo tanto, e insisto en este punto, no equivocarse aquí. Si el mensaje que se lleva no llena las expectativas de la suspicacia natural humana, todo el andamiaje de su comunicación y, claro está, de todo el proyecto, se vendrá abajo. Tiene que escoger las palabras correctas y el mensaje debe ser simple y directo, nada de adornos. Recuerde a los alemanes, ellos querían ser la "raza superior" y dominar Europa, mientras los indios querían la independencia de su país. Así, directo y crudo, sin mucha delicadeza.

Lo peor que le puede ocurrir es que su equipo, interlocutor o audiencia, al final de la comunicación, asevere para sí o para todos lo siguiente: "no entiendo <u>qué</u> quieren hacer". Eso es terrible. Otra cosa es que no estén de acuerdo con el <u>por qué</u> o que duden del <u>cómo</u>, pero tener dudas con el <u>qué</u> es terrible, pues es un signo inequívoco de que el concepto comunicado es incorrecto, no tiene sentido o lógica, está desorganizado o todas las anteriores. Un fallo en el <u>qué</u> y usted perdió la pelea, porque si esa pregunta no está contestada de una manera contundente nadie lo seguirá y su credibilidad se perjudicará para siempre.

Le contaré, a través de una experiencia personal, <u>cómo</u> esta pregunta puede llevar a un "capitán de barco" al hundimiento o, por el contrario, a puerto seguro. Un día, uno de mis jefes me llama a su oficina y me da una disertación de los cambios en el periodismo. Me habló de 20 cosas distintas y al final me espeto la pregunta mágica: "¿Cuento contigo?". De ahí en adelante la conversación siguió más o menos, no al dedillo, en esta dirección:

"¿Para <u>qué</u>?", le respondí.

"Para lo que te acabo de hablar", me dijo.

"¿Cuál de todas las cosas?", le expresé medio insolente dado que me confesaba ignorante en ese momento.

"Los cambios en el periodismo", me contestó como si hubiese sido tan claro para entenderlo a la perfección. Y yo, no muy convencido, le señalé: "Claro, siempre".

Ese jefe fue sustituido por otro que me invitó a cenar un día para hacerme el mismo planteamiento, pues con el anterior nunca se consumó la transformación. Su estrategia fue distinta. Sin haber llegado la primera botella de vino me dijo muy cándidamente: "Quiero cambiar toda la redacción, pero no sé <u>cómo</u>. Ayúdame".

"¿Toda la Redacción?", le pregunté sorprendido.

"Sí, toda. Remirarlo todo, sin vacas sagradas y mirando todas las posibilidades", me comunicó convencido.

"Dale", fue mi respuesta.

De ahí en adelante la conversación se centró en <u>por qué</u> hacerlo, <u>cómo</u> hacerlo, <u>quiénes</u> podrían ayudarnos, <u>cuándo</u> era el mejor momento y <u>dónde</u> haríamos el trabajo de preparación.

¿Vio la diferencia? Uno falló en convencerme con el <u>qué</u> y nunca se dio el resto de la discusión. El otro fue directo en decirme lo que quería y suficientemente franco como para reconocer que no sabía <u>cómo</u> hacerlo. Me mató, me convenció en el primer intento y me dejó sin argumentos para rechazar ayudarlo. Además, llenó mi ego en el primer intento y eso, por más humildes que seamos, siempre nos importa. Así que, vuelvo sobre lo mismo, en el <u>qué</u> está el principio del éxito o el primer paso al fracaso.

Otro punto fundamental en el <u>qué</u> es que en él vienen incluidos tres aspectos importantes: la idea central de la comunicación, sus parámetros y sus objetivos. Y todo debe estar expresado en un mensaje claro y simple. "La independencia de India a través de la no violencia", buscaba Gandhi. Eso lo dice todo. Ahí está incluida la idea, sus parámetros y sus objetivos. Así de sencillo y directo debe ser ese mensaje. No tiene que ser de una línea, pero sí debe ser corto, profundo y llenar las expectativas de los interlocutores, que sepan con claridad <u>qué</u> deben esperar del proceso o el proyecto que se les está presentando. Recuerde el dicho de que el que mucho explica mucho se complica.

<u>¿Cómo</u> elaboramos ese <u>qué</u>?

Este libro tampoco es un tratado de procesos de cambio ni de metodologías de investigación, pero quiero detenerme un poco en este tema del <u>qué</u> y darle algunas herramientas de documentación para que la elaboración de los objetivos de su comunicación sea más contundente. Por eso, las siguientes líneas podrían ser tediosas, pero le ayudarán mucho a la hora de escoger lo que quiere comunicar como matriz del mensaje.

Partamos de la premisa de que si usted se está

planteando comunicar algo, es porque entiende que es importante. Por lo tanto, lo que quiere comunicar se origina en el conocimiento que usted tiene del contexto en cual se maneja. Ese "conocimiento" es un proceso de adquirir información que debe estar siempre encendido, no se detiene, pues es una herramienta importantísima para mantenerse vigente y anticipar los cambios de una manera efectiva. Dado por sentado que usted conoce de lo que va a hablar y una vez decidida la idea que quiere comunicar, para elaborar un qué efectivo hay que recurrir a apoyos que lo ayuden a convencerse de que esa es la ruta correcta. Ahí es que la documentación entra como protagonista.

La documentación correcta le permitirá tres cosas:
- Convencerse a sí mismo de lo que hay que hacer o descartarlo definitivamente.
- Elaborar las premisas correctas de lo que se quiere hacer, identificar los obstáculos, las ventajas y las áreas de oportunidad.
- Sentar las bases para los argumentos que darán pie a la respuesta al por qué, lo cual servirá para convencer a otros, y del cómo, que es la metodología, y del resto de las preguntas críticas.

¿Cuánto tiempo toma la documentación?

Eso dependerá de la complejidad del proyecto o idea que se quiere comunicar. No hay un tiempo determinado, lo que es obvio es que mientras más tiempo se tome, más tardará en ejecutar. La respuesta a esa pregunta es que la documentación se debe tomar el tiempo que haga falta. Claro, no tenemos toda la vida para ejecutar un proyecto, así que hay que moverse con rapidez.

¿Cuándo, dónde, cómo y con quién puedo documentarme?

Afortunadamente, en la era de internet, el ejercicio de documentación se ha facilitado de una manera impresionante. Todo viaja más de prisa y lo que antes tomaba años, hoy se logra en segundos. Por supuesto, eso también significa que el proceso de filtrar toda esa información se hace primordial, pues así como hay datos de primera categoría disponibles de manera gratuita en internet, también existe mucha basura. Así que el primer paso es aprender a usar los buscadores de la manera correcta. Los principales motores de búsqueda, como Google, Bing, Yahoo!, entre otros, son una puerta a millones de fuentes de información que pueden ser filtradas si superamos la página inicial y nos adentramos en opciones como las búsquedas avanzadas y muchos otros mecanismos que no mencionaré porque, si usted a estas alturas no sabe esto, pues debería salir corriendo y tomar un cursos básico de <u>cómo</u> buscar información confiable en la web.

Así, una buena búsqueda en internet sobre el tópico que le compete se convierte en el primer paso para documentarse. Aunque su información puede ser poco confiable en algunos casos, herramientas como Wikipedia pueden ser de mucha ayuda, sobre todo, en la parte de los enlaces a referencias en los tópicos que trata, por lo tanto, no hay que descartarlas de inmediato ni de manera viperina. Igualmente, se puede encontrar muy buena información en Slideshare o Delicious. Tenga cuidado con los .com, sobre todo si no responden a medios de comunicación de renombre, a organizaciones especializadas en el tema o a blogs de individuos expertos. Prefiera los .net, .org, .edu y los .com, siempre que estén relacionados a entidades reconocidas en el tema de interés. Busque estudios especializados y cómprelos si es necesario si son de institutos de renombre. En la web podría encontrar también buenas referencias de libros sobre los conceptos que quiere desarrollar, los cuales podrá adquirir para usted y su equipo. Darse de alta en *mailing lists* y para recibir boletines especializados puede ayudar también.

Para documentarse bien es básico estar inscrito en

organizaciones empresariales y profesionales de corte multinacional, para estar al día en las tendencias y tener a la mano un buen filtro de información, además de una red de contactos para consultas, ayuda, testimonios y recomendaciones de asesores o documentos de referencia. Muchas de estas organizaciones organizan seminarios, conferencias y *study tours* a los cuales debe considerar asistir personalmente, además de enviar al personal clave de su equipo. Allí tendrá acceso en un mismo sitio a distintas visiones sobre su actividad de interés, encontrará *vendors* o asesores que probablemente acabarán trabajando con usted como consultores y, lo más valioso, podrá intercambiar sus ideas con otros personajes que, como usted, andan en la búsqueda de innovación. Últimamente están muy de moda los llamados *webinars*, que suelen ser muy puntuales y dar buena información, por lo que debe aprovecharlos.

Los *study tour*s son particularmente útiles. Tienden a ser caros, pues el concepto es visitar varias organizaciones y/o ciudades y países en un mismo viaje, y en pocos días, pues se parte de la premisa de que los asistentes no cuentan con mucho tiempo en sus agendas. En estos viajes de estudio normalmente se adquiere información de primera mano sobre la industria en cuestión, dada en vivo por quienes están ejecutando los procesos de transformación en su propio medioambiente, lo cual permite un flujo de datos que vale su peso en oro. Normalmente, en estos viajes visitará todo el espectro de la industria objeto del estudio, desde entidades ultra modernas hasta aquellas más tradicionales. La idea es que se lleve un retrato bastante amplio de <u>cómo</u> se están haciendo las cosas en el área geográfica objeto de la visita. Personalmente he estado en varios de estos conceptos, en Europa, Estados Unidos y América Latina. Lo que más útil me ha resultado es la red de contactos, que pueden ser consultados por correo electrónico cuando se guste y siempre están dados a compartir sus experiencias. También son maravillosas las charlas que se dan en una cena, en un viaje en autobús o a la espera de un avión. Creo que cualquier líder, sea en lo personal o lo profesional, debe exponerse a uno de estos viajes por lo menos una vez al año y asistir a uno o dos talleres o conferencias anualmente. También recomiendo trabajar sus propias visitas a organizaciones alineadas con sus intereses. Si se entera de alguna entidad que está pensando, ha comenzado o ya está ejecutando un proyecto similar al suyo, no dude en contactarla para visitarla o tener, al menos una conversación, sea por vídeo, teléfono, chat o correo electrónico. Ver mundo es la mejor fuente de documentación, pero tampoco cierre los ojos a su contexto cercano, a veces en su propia casa hay quien puede darle grandes consejos o enseñarle nuevos trucos.

Las redes sociales también pueden ser una gran fuente de documentación si se usan con eficiencia. Existen grupos de interés en LinkedIn y Facebook que postean excelente información sobre temas especializados y comparten experiencias sobre sus procesos. Si sabe <u>dónde</u> buscar, encontrará minas de oro. Twitter es otra excelente fuente, sobre todo para "seguir" a aquellos líderes de industria, *opinion makers*, asesores, colegas o conferenciantes que manejan tendencias o son voces autorizadas en su área de competencial. Así que sí, es importante darse de alta en las redes sociales, sobre todo en las principales, aunque sea para ser un seguidor silente.

Los asesores siempre son útiles, siempre y cuando se mantengan en su rol de consultoría y tenga el presupuesto para ello. Hay consultores que cuestan carísimo y tienden a traer ideas preconcebidas o modelos genéricos de comunicación que suenan bonitos pero a la larga no funcionan. ¡Huya de ellos!!!! Escoja consultores con cuidado, busque referencias y entreviste a por lo menos cuatro o cinco de ellos. No contrate un asesor para que le haga el proyecto, tráigalo para que aporte ideas, destranque asuntos en pugna, ayude a convencer a la audiencia y sea un facilitador. El asesor debe dar una mirada amiga y consejera, pero externa, al concepto que se quiere armar, no adueñarse de él. Otra cosa importante, aléjese de los consultores que le dicen lo que usted quiere escuchar, son muy peligrosos. Un asesor le espeta a uno lo que ve mal, lo que entiende está torcido, pero siempre en tono consejero y en búsqueda de colaboración, no de imposición. Este tipo de recurso es muy importante, además del proceso de documentación, en la elaboración del por qué y el cómo del proyecto, y pueden integrarse efectivamente en todas las fases del proceso de cambio. Otra ayuda puede venir de conferenciantes invitados. Ellos pueden aportar datos y son de valiosa colaboración para ir explicando qué tipo de transformaciones son necesarias en su contexto y por qué hay que apoyarlas. Un buen orador invitado puede ahorrarle muchos dolores de cabeza, aunque si escoge el erróneo será a la inversa.

Finalmente, no hay nada como los amigos. Colegas cercanos, ex compañeros de trabajo, amigos o familiares suelen ser los mejores consejeros, porque dan sus ideas sin esperar nada a cambio y son genuinos en sus planteamientos. Así que no los descarte. Claro, no se trata de ir contando por ahí sus secretos de negocio o de vida, pero usted sabrá qué con contarle a quién y cómo hacerlo.

En cuanto a quién debe documentarse, usted tiene varias opciones. Puede hacerlo por sí mismo o delegar el proceso en una persona o un equipo. Mi recomendación es que, siempre que se pueda, sea una mezcla de las tres cosas, pero por etapas. Es obvio que cuando se aplica a temas individuales o a grupos pequeños, pues el proceso se centralizará en usted. Lo importante, claro está, es que usted se vincule en el proceso desde el inicio y que ese primer acercamiento a la documentación venga de parte suya, para que entienda bien sobre lo que va a estar hablando y, sobre todo, pueda tomar decisiones correctas y bien informadas. Debe separar tiempo y entender que en esta etapa del proceso se le va la vida, pues si usted mismo no entiende bien lo que hay que hacer, jamás podrá comunicarlo efectivamente. Así que póngase las pilas y dé prioridad a leer, visitar sitios, tener conversaciones con expertos, ir a talleres, etc. Véalo como parte integral de sus labores y como una inversión en su proyecto.

Con toda esa información digerida estará en la posición correcta para sentarse a elaborar qué quiere comunicar. Pase a una etapa corta de reflexión, usted solo, sin nadie más. No debe tomarse una eternidad en esto, debe actuar rápido. Para entonces se habrá dado cuenta de cuán crítico es ese proceso de documentación inicial, pues no solo le permitirá definir el qué, sino que podrá delinear las primeras respuestas a las preguntas restantes, empezando con el por qué, el cual trabajamos en el siguiente capítulo.

4 WHY?

El <u>por qué</u> o *why?* es un asunto de convencimiento, de entender las razones para tomar o no ciertas acciones. Por eso los humanos somos racionales, porque buscamos el sentido de las cosas. Es una diferencia sustancial del resto del mundo animal, pues analizamos y tomamos decisiones, la mayoría de las veces, motivadas por una lógica que es, a su vez, muy subjetiva. La razón es inherente a cada ser humano.

Por ejemplo, la gran mayoría de los seres humanos podrían pensar que lanzarse al vacío en el Cañón del Colorado no tiene sentido. Hay otros, sin embargo, que encontrarían un propósito en algo así. Esa razón o lógica podrían residir en una motivación para quitarse la vida, en algún insólito experimento científico o hasta en algún tipo de acto magistral para hacerse inmortal, <u>qué</u> se yo.

El <u>por qué</u>, por lo tanto, ofrece las razones que convencen a los humanos de darle lógica a sus acciones y moverse con pasión. Y esto es muy importante, porque podemos lograr que las personas se muevan sin creer en nosotros, pero si lo hacen sin pasión, será muy difícil alcanzar el éxito, porque la pasión emerge del convencimiento individual de cada persona, lo cual convierte en muy complicado el proceso de inspirar y ganarse la confianza, además del compromiso de la gente. Inspiración, confianza y compromiso, es muy difícil generar cambios sin esos ingredientes.

Volvamos a los nazis y a Gandhi. Ellos lograron, con propósitos distintos, encender la pasión de sus compatriotas, lo que redundó en su inspiración, en ganar su confianza y su compromiso. Un por qué bien explicado redunda entonces en un movimiento robusto, ferviente e impetuoso. Así que nunca olvide esta fórmula:

Por qué = pasión = inspiración, confianza y compromiso.

El por qué es tan importante que dedicamos toda una etapa de nuestro desarrollo en la infancia a esa pregunta. ¿Y por qué?, ¿y por qué?, ¿y por qué?, escuchamos repetir a los niños. Lo hacen como un tema de curiosidad, de entendimiento de su medioambiente y de estimulación de su creatividad e intelecto. He leído muchas veces que satisfacer la curiosidad de un niño, sobre todo en esas etapas tempranas, es fundamental para su desarrollo intelectual.

Creo, por experiencia propia, que esa etapa de la vida en realidad nunca se acaba, solo se transforma. Por lo tanto, satisfacerla es prioritario para poder contar con todos los ingredientes que la pasión trae consigo. Cuando usted explica un por qué con convencimiento, lo menos que tendrá es el beneficio de la duda del más escéptico ser humano, el cual de seguro acabará diciendo: "no estoy de acuerdo, pero lo entiendo". Así que el por qué viene vinculado a dar explicaciones, a esbozar argumentos, a ilustrar, a aclarar dudas, a desafiar el intelecto, a satisfacer la curiosidad, a levantar la pasión... Son las razones para actuar.

¿Cómo elaboramos ese por qué?

De nuevo, empiece por entender bien lo que quiere hacer. ¿Qué es lo que queremos hacer? ¿Qué es lo que queremos lograr? Insisto en este tema. Hágase esas preguntas y respóndalas con contundencia. Hay que tener claridad total de lo que se busca, sin eso no será posible encontrar un <u>por qué</u> convincente.

Entienda que cualquier posibilidad de elaborar un buen <u>por qué</u> pasa por echar mano de un potente arsenal de:
- Hechos
- Cifras de apoyo
- Citas de refuerzo
- Ejemplos o casos concretos

Los hechos

Son los argumentos que usaremos para sostener ese <u>por qué</u> que queremos explicar. En la industria de la estrategia política o la comunicación son conocidos como los *bullets* o *talking points*. Básicamente lo que se hace es reducir amplios periodos de tiempo a una página, dividiendo los acontecimientos en líneas o párrafos que concentren lo que se quiere destacar de una manera simple y recordable. Esto suena sencillo, pero no lo es. Créame cuando le digo que hay gente que puede ganarse la vida haciendo esa labor, pues requiere de una capacidad excepcional de síntesis.

Las cifras de apoyo

Por ahí hay quien ha dicho que los datos son poder… pues es cierto. Unas cuantas cifras sólidas, que sean muy próximas y reflexivas, son la mejor herramienta para derrumbar argumentos en contra. Si vienen acompañadas de algún tipo de validación científica y/o académica, pues muuuucho mejor. Los buenos datos proyectan confianza, validan posiciones y limpian el ruido en los canales de comunicación. Claro, siempre que sean buenos, porque la mayor debilidad de las cifras son las propias cifras. Datos no corroborados, de fuentes dudosas o fácilmente refutables tienen un efecto inverso devastador, por lo que su selección debe ser impecable. Procure los números más próximos a su audiencia, los más fácil de recordar pero, a la vez, los más difíciles de refutar. Preséntelos de forma amigable, sea en gráficas, tipografía creativa o, si los dice hablados, con énfasis particular.

Las citas de refuerzo

Siempre hay algún experto, sabio o líder que se ha referido en algún momento de manera ilustre a los procesos de cambio o a la comunicación de nuevos objetivos. Es parte de la naturaleza humana, así que esta parte es bastante simple. Hoy día con una búsqueda simple en Google aparecen miles de alternativas. Lo importante es no equivocarse en la selección, y lo digo porque podría haber alguien lo suficientemente tonto como para elegir la cita incorrecta. No sea usted uno de esos. Lo fundamental es verificar que en efecto esa persona dijo lo que dijo, que el contexto en que lo señaló aplica al suyo, que no escoja alguna tergiversación fruto de la dinámica en las redes sociales y que el mensaje sea cónsono con la ocasión. Por ejemplo, no se le ocurra citar a Mahoma en una actividad de la comunidad judía.

Ejemplos o casos concretos

Los ejemplos son los retratos de lo que se quiere proyectar. Evite las parábolas a menos que tengan una finalidad práctica, una aplicación inmediata. Recuerdo en una ocasión que utilicé "La fábula de la liebre y la tortuga" para referirme a que en nuestra empresa nos estábamos quedando dormidos en relación a un competidor que no lucía como un serio problema en aquel momento, pero que a la larga podría acabar venciéndonos. Creo que el mensaje llegó como quería, pues la reacción del equipo al desafío fue impecable, pero ha sido una de las pocas veces que uso fábulas para llevar una idea. Prefiera los casos o anécdotas cercanas y humanas, que creen una imagen clara que refuerce los argumentos que busca comunicar. Evite libros polémicos, como La Biblia o El Corán, y apueste por casos de éxito pocos conocidos pero vinculados a su audiencia, de modo que los sorprenda y los haga sentir orgullosos al mismo tiempo.

Entendido lo anterior y una vez definido el o los objetivos, podremos comenzar a elaborar lo que queremos explicar a través de ese <u>por qué</u>. Para ello nos enfocaremos en tres conceptos que nos ayudarán a segmentar esa explicación:

- La historia
- El contexto
- La proyección

La historia

No es otra cosa que un vistazo al pasado. Mirar atrás siempre es la base para poder entender lo que ocurrirá en el futuro, por lo tanto, haga una buena relación de hechos de lo que ha ocurrido con el tema que quiere cambiar o impulsar. En pocas palabras: demuestre la evolución del problema o la necesidad permanente de transformación. Una buen análisis histórico lo proveerá de argumentos, cifras, citas, casos o ejemplos que le serán muy útiles para "preparar su defensa", como dicen los abogados. Al explicar la historia hay que ser empático.

El contexto

El hoy… eso es el contexto. La atmósfera o el ecosistema en el cual nos desenvolvemos en la actualidad. Parecería increíble, pero es numerosa la pila de gente que anda por ahí sin darse cuenta del mundo en el que vive. Por eso es fundamental recordar el campo de batalla en el cual andamos metidos, identificar las fortalezas y debilidades, los amigos y enemigos, las oportunidades y las carencias. Hacerlo bien, de manera descriptiva, con datos y ejemplos que no den margen a cuestionamiento alguno. Al explicar el contexto hay que ser contundente.

La proyección

Aquí hablamos de futuro. Es cuando se señala la ruta

a tomar. La proyección debe presentar el escenario futuro de ese campo de batalla que es su contexto actual. Se trata de jugar un poco al adivino, por lo que ese ejercicio de "predicción" debe hacerse de la manera más lógica, científica y/o factual posible dentro de las circunstancias. Es pocas palabras, no se ponga a inventar y evite la tentación de exagerar la nota. Mantenga la proporción de las proyecciones consecuentes a la realidad virtual y hágala creíble. No hay nada más desagradable que una proyección inflada y sacada de proporción. Sea honesto y comunique con claridad sus temores y por qué existe la urgencia de moverse hacia adelante. Al explicar la proyección se debe ser urgente.

Dicho eso es hora de ver algún ejemplo de lo que le he expresado. Miremos el histórico discurso del asesinado presidente de Estados Unidos, John F. Kennedy, sobre el programa espacial de Estados Unidos. Dado el 12 de septiembre de 1962 en la Universidad de Rice en Houston, Texas, ese es uno de los discursos en los cuales la explicación del por qué se hacía protagonista incluso por encima del qué. Incluye alusiones a "conquistar el espacio", "viajar a la Luna", "construir cohetes gigantes"… Ideas que todavía hoy pueden parecernos una locura, así que imagine los pensamientos que debieron generar en los 60. Pero ese discurso cambió el mundo. Y lo logró, por encima de todo, por su sencillez, porque explicó con tanta claridad sus argumentos que era imposible no apasionarse con una propuesta tan descabellada. A continuación se reproduce el discurso y verán durante su alocución ejemplos del hábil uso de argumentos al explicar la historia, el contexto y la proyección, así como de cifras, citas y ejemplos:

"Presidente Pitzer, Señor Vicepresidente, Gobernador, Congresista Thomas, Senador Wiley, Congresista Miller, Señor Webb, Señor Bell, científicos, distinguidos invitados, señoras y señores:

Agradezco al señor Presidente por haberme elegido como profesor invitado honorario y le aseguro que mi primera conferencia será muy breve.

Estoy encantado de estar aquí y, en especial, de estar aquí en esta ocasión.

Nos reunimos en una universidad célebre por el conocimiento, en una ciudad célebre por el progreso, en un Estado célebre por la fuerza, y tenemos necesidad de los tres, ya que nos encontramos en un momento de cambio y desafío, en una década de esperanza y temor, en una era de conocimiento e ignorancia. Mientras más aumenta nuestro conocimiento, más evidente es nuestra ignorancia.

A pesar del sorprendente hecho de que la mayoría de los científicos que el mundo haya conocido están vivos y trabajando en la actualidad, a pesar del hecho de que el número de científicos de nuestra nación se duplica cada 12 años a una tasa de crecimiento de más de tres veces nuestra población total, a pesar de ello, la vasta extensión de lo desconocido, las preguntas sin respuesta y las cosas sin terminar aún están lejos de nuestra comprensión colectiva.

Ningún hombre puede saber a ciencia cierta en qué medida y qué tan rápido hemos llegado, pero resuman, si son tan amables, los 50,000 años de historia del hombre registrada en un lapso de tiempo de medio siglo. Dicho así, sabemos muy poco acerca de los primeros 40 años, excepto que al final de ellos, los hombres avanzados habían aprendido a usar la piel de los animales para cubrirse. Luego, hace 10 años atrás aproximadamente, bajo este criterio, el hombre emergió de su cueva para construir otro tipo de refugio. Solo hace cinco años el hombre aprendió a escribir y a usar una carreta con ruedas. La Cristiandad comenzó hace menos de dos años. Este año se creó la imprenta, y hace menos de dos meses, durante este período de 50 años de la historia de la humanidad, la máquina a vapor proporcionó una nueva fuente de poder.

Newton exploró el significado de la gravedad. El mes pasado, aparecieron las luces eléctricas, los teléfonos, los automóviles y los aviones. Solo la semana pasada se desarrolló la penicilina, la televisión y la energía nuclear, y hoy si las nuevas naves espaciales de los Estados Unidos tienen éxito en llegar a Venus, antes de esta media noche literalmente habremos alcanzado las estrellas.

Este es un paso impresionante, y un paso como este no puede ayudar sino a originar nuevos males, nueva ignorancia, nuevos problemas y nuevos peligros a medida que disipa lo viejo. Sin duda, las vistas que se abren del espacio prometen altos costos y dificultades, además de una gran recompensa.

Así que no es de extrañar que algunos prefieran que nos

quedemos donde estamos un tiempo más para descansar y esperar. Pero esta ciudad de Houston, este estado de Texas, este país de los Estados Unidos no fueron construidos por quienes esperaban o descansaban y deseaban mirar detrás de ellos. Este país fue conquistado por aquellos que se adelantaron, y lo mismo sucederá con el espacio.

William Bradford, al hablar en 1630 sobre la fundación de la Colonia de la Bahía de Plymouth, dijo que todas las acciones grandes y honorables van acompañadas de grandes dificultades, y que ambas deben ser resueltas y superadas con una valentía responsable.

Si esta resumida historia de nuestro avance nos enseña algo, es que el hombre, en su búsqueda del conocimiento y el progreso, está decidido y no puede ser disuadido. La exploración del espacio seguirá adelante, participemos o no, y es una de las grandes aventuras de todos los tiempos, y ninguna nación que pretenda ser líder de otras naciones puede esperar quedarse atrás en la carrera por el espacio.

 Quienes nos precedieron se aseguraron de que este país estuviera a la cabeza de la revolución industrial, a la cabeza de las invenciones modernas y a la cabeza de la energía nuclear, y esta generación no pretende quedarse atrás en la nueva era del espacio. Queremos ser parte de ella, queremos liderarla. Porque los ojos del mundo ahora dirigen su mirada al espacio, a la luna y a los planetas que hay más allá, hemos prometido que no lo veremos gobernado por una bandera de conquista hostil, sino por un estandarte de libertad y paz. Hemos prometido que no veremos un espacio repleto de armas de destrucción masiva, sino de instrumentos de conocimiento y comprensión.

Sin embargo, las promesas de esta Nación solo se pueden cumplir si esta Nación es la primera, y por lo tanto, pretendemos ser los primeros. En resumen, nuestro liderazgo en la ciencia y la industria, nuestras esperanzas de paz y seguridad, nuestras obligaciones para con nosotros mismos y los demás, nos obligan a hacer este esfuerzo para resolver estos misterios, para resolverlos por el bien de la humanidad y para convertirnos en la nación líder del mundo en el espacio.

Zarpamos en este nuevo mar porque hay nuevos conocimientos que adquirir, nuevos derechos que ganar, los cuales se deben adquirir y usar para el progreso de todas las personas. Porque la ciencia espacial, al igual que la ciencia nuclear y toda la tecnología, no tiene su propia conciencia. Si se convertirá en una fuerza para bien o para mal depende del hombre, y solo si los Estados Unidos ocupan una posición de supremacía podremos ayudar a decidir si este nuevo océano será un mar de paz o un nuevo teatro de guerra aterrador. No estoy diciendo que debemos estar o estaremos más desprotegidos contra el mal uso hostil del espacio de lo que lo estamos contra el uso hostil de la tierra o el mar, sino que afirmo que el espacio se puede explorar y conquistar sin alimentar el fuego de la guerra, sin repetir los errores que el hombre ha cometido al expandirse por todo el mundo.

Todavía no hay enfrentamientos, prejuicios ni conflictos entre naciones en el espacio exterior. Sus peligros son hostiles para todos nosotros. Su conquista merece lo mejor de toda la humanidad, y es posible que la oportunidad de una cooperación pacífica nunca se repita. Pero, ¿por qué, dicen algunos, la luna? ¿Por qué elegirla como nuestro objetivo? Y podrían también preguntar perfectamente, ¿por qué escalar la montaña más alta? ¿Por qué hace 35 años sobrevolamos el Atlántico? ¿Por qué Rice juega en Texas?

Hemos decidido ir a la luna. Elegimos ir a la luna en esta década y hacer lo demás, no porque sean metas fáciles, sino porque son difíciles, porque ese desafío servirá para organizar y medir lo mejor de nuestras energías y habilidades, porque ese desafío es un desafío que estamos dispuestos a aceptar, uno que no queremos posponer, y uno que intentaremos ganar, al igual que los otros.

Por estas razones considero que la decisión que tomamos el año pasado de acelerar nuestros esfuerzos en el espacio es una de las decisiones más importantes que se tomarán durante mi ejercicio del cargo en la Presidencia.

En las últimas 24 horas hemos visto las instalaciones que se están construyendo para la mayor y más compleja exploración en la historia del hombre. Hemos sentido temblar la tierra y el aire sacudidos por la prueba del cohete Saturno C-1, mucho más potente que el Atlas que lanzó a John Glenn, cuya energía generada equivale a 10,000 automóviles acelerados a fondo. Hemos visto el lugar donde cinco motores F-1, cada uno tan poderoso como los ocho motores del Saturno combinados, se agruparán para formar el avanzado misil Saturno, que se ensamblará en un edificio nuevo que se construirá en Cabo Cañaveral, una estructura de 48 pisos tan ancha como una manzana y con el doble de longitud que esta cancha.

En los últimos 19 meses, al menos, 45 satélites han orbitado la Tierra. Aproximadamente 40 de ellos se "construyeron en los Estados Unidos de Norteamérica" y eran mucho más sofisticados y entregaban mayores conocimientos a las personas del mundo que aquellos de la Unión Soviética.

La nave espacial Mariner, ahora en su trayecto a Venus, es el instrumento más complejo en la historia de la ciencia espacial. La precisión de ese lanzamiento es comparable a disparar un misil desde Cabo Cañaveral y dejarlo caer en este estadio entre las líneas de las 40 yardas.

Los satélites Transit ayudan a nuestros barcos a seguir un rumbo más seguro en el mar. Los satélites Tiro nos han dado advertencias sin precedentes de huracanes y tormentas, y harán lo mismo con relación a los incendios forestales y a los icebergs. Hemos tenido nuestros fracasos, pero también los han tenido los demás, aunque no los admitan. Y posiblemente sean menos públicos.

Ciertamente, estamos rezagados, y por un tiempo lo estaremos en los vuelos tripulados. Sin embargo, no pretendemos permanecer rezagados, y en esta década, nos recuperaremos y seguiremos adelante.

El crecimiento de nuestra ciencia y educación se verá enriquecido por los nuevos conocimientos sobre nuestro universo y medio ambiente, por nuevas técnicas de aprendizaje, cartografía y observación, por nuevas herramientas y computadoras para la industria, la medicina, el hogar y las escuelas. Las instituciones técnicas, como Rice, cosecharán los frutos de estas ganancias.

Y por último, aunque el programa espacial en sí aún está en pañales, ya ha creado una gran cantidad de nuevas empresas y decenas de miles de nuevos trabajos. El espacio y las industrias relacionadas generan nuevas demandas en inversión y personal calificado, y esta ciudad y este Estado, y esta región, participarán en gran medida de este crecimiento. Lo que alguna vez fue el puesto de avanzada más lejano en la antigua frontera del oeste será el puesto de avanzada más lejano de la nueva frontera de la ciencia y el espacio. Houston, su ciudad de Houston, con su Centro de Naves Espaciales Tripuladas, se convertirá en el corazón de una gran comunidad de científicos e ingenieros. Durante los próximos cinco años, la Administración Nacional de Aeronáutica y del Espacio espera duplicar la cantidad de científicos e ingenieros en esta área y aumentar su desembolso en sueldos y gastos a $60 millones al año; invertir $200 millones en instalaciones de plantas y laboratorios; y administrar o contratar para el nuevo programa espacial más de mil millones de este Centro en esta ciudad.

Sin duda, todo esto nos cuesta una buena cantidad de dinero. El presupuesto de este año para temas espaciales es tres veces lo que fue en enero de 1961 y es mayor que el presupuesto espacial de los ochos años previos combinados. Este presupuesto asciende ahora a $5,400 millones al año, una suma asombrosa, aunque algo menor a lo que pagamos por cigarrillos y puros cada año. Los gastos para el programa espacial pronto aumentarán otro poco, de 40 centavos por semana por persona a más de 50 centavos por semana por cada hombre, mujer y niño en los Estados Unidos, ya que hemos dado a este programa una prioridad nacional alta, aunque me doy cuenta de que en cierta medida es un acto de fe y visión y por ahora no sabemos qué beneficios nos traerá. Pero si afirmara, mis conciudadanos, que enviaremos a la luna, a 240,000 millas de distancia de la estación de control en Houston, un cohete gigante de más de 300 pies de altura, del largo de esta cancha de fútbol americano, confeccionado de nuevas aleaciones de metal, algunas de las cuales aún no se han inventado, capaz de resistir el calor y la presión muchas más veces de las que se han experimentado, ensamblado con una precisión mejor que la del reloj más fino, que lleva todo el equipamiento necesario para la propulsión, la dirección, el control, las comunicaciones, la alimentación y la supervivencia, en una misión nunca antes intentada, a un cuerpo celeste desconocido, y luego traerlo de regreso a la Tierra de manera segura, que vuelva a entrar a la atmósfera a una velocidad mayor a 25,000 millas por hora con lo que genera un calor equivalente a la mitad de la temperatura del sol, casi tan caluroso como hoy, y que haremos todo esto, y lo haremos bien, y lo haremos primero antes de que termine esta década, entonces tenemos que ser audaces.

Soy yo quien está haciendo todo el trabajo, solo queremos que se queden tranquilos por un minuto. [Risas]

Sin embargo, creo que vamos a hacerlo y tenemos que pagar lo que sea necesario pagar. No creo que debamos desperdiciar dinero, pero debemos hacer el trabajo. Y esto se hará en la década de los sesenta. Se puede hacer mientras algunos de ustedes aún están en la escuela y la universidad. Se hará durante el ejercicio en el cargo de algunas de las personas sentadas en esta plataforma. Pero se hará. Y se hará antes de que termine esta década.

Estoy feliz de que esta universidad tenga un papel importante en llevar al hombre a la luna como parte de un gran programa nacional de los Estados Unidos.

Hace muchos años, al gran explorador británico George Mallory, quien murió en el Monte Everest, se le preguntó por qué quería escalarlo. Y él contestó: "porque está ahí".

Bueno, el espacio está ahí, y lo vamos a escalar, y la luna y los planetas están ahí, y nuevas esperanzas de conocimiento y paz están ahí. Y, por lo tanto, a medida que zarpamos pedimos la bendición de Dios en la aventura más grande, peligrosa y arriesgada en la que el hombre jamás se haya embarcado. Gracias".

Tomado de: http://www.jfklibrary.org/JFK/Historic-Speeches/Multilingual-Rice-University-Speech/Multilingual-Rice-University-Speech-in-Spanish-Latin-American.aspx

En este párrafo, por ejemplo, Kennedy hace una referencia soberbia a la historia:

> "Ningún hombre puede saber a ciencia cierta en qué medida y qué tan rápido hemos llegado, pero resuman, si

son tan amables, los 50,000 años de historia del hombre registrada en un lapso de tiempo de medio siglo…".

Mientras, el uso del contexto lleva de inmediato a un sentido de urgencia irresistible:

"En resumen, nuestro liderazgo en la ciencia y la industria, nuestras esperanzas de paz y seguridad, nuestras obligaciones para con nosotros mismos y los demás, nos obligan a hacer este esfuerzo para resolver estos misterios, para resolverlos por el bien de la humanidad y para convertirnos en la nación líder del mundo en el espacio".

Echa mano de una cita poderosa, convincente:

"William Bradford, al hablar en 1630 sobre la fundación de la Colonia de la Bahía de Plymouth, dijo que todas las acciones grandes y honorables van acompañadas de grandes dificultades, y que ambas deben ser resueltas y superadas con una valentía responsable".

Entonces, hace su proyección con claridad, sin titubeos:

"Hemos decidido ir a la luna. Elegimos ir a la luna en esta década y hacer lo demás, no porque sean metas fáciles, sino porque son difíciles, porque ese desafío servirá para organizar y medir lo mejor de nuestras energías y habilidades, porque ese desafío es un desafío que estamos dispuestos a aceptar, uno que no queremos posponer, y uno que intentaremos ganar, al igual que los otros".

Se refugia en las cifras para darle solidez a su argumentación:

"En las últimas 24 horas hemos visto las instalaciones que se están construyendo para la mayor y más compleja exploración en la historia del hombre. Hemos sentido temblar la tierra y el aire sacudidos por la prueba del cohete Saturno C-1, mucho más potente que el Atlas que lanzó a John Glenn, cuya energía generada equivale a 10,000 automóviles acelerados a fondo. Hemos visto el lugar donde cinco motores F-1, cada uno tan poderoso como los ocho motores del Saturno combinados, se agruparán para formar el avanzado misil Saturno, que se ensamblará en un edificio nuevo que se construirá en Cabo Cañaveral, una estructura de 48 pisos tan ancha como una manzana y con el doble de longitud que esta cancha".

Y, finalmente, recurre a los ejemplos para que su mensaje quede meridianamente claro:

"La nave espacial Mariner, ahora en su trayecto a Venus, es el instrumento más complejo en la historia de la ciencia

espacial. La precisión de ese lanzamiento es comparable a
disparar un misil desde Cabo Cañaveral y dejarlo caer en
este estadio entre las líneas de las 40 yardas".

¡Ese es un gran mensaje! He leído pocos tan simples,
pero tan profundos, tan sobrios, pero tan inspiradores.

Entonces, después de leer a Kennedy, es lógico
pensar que con estas herramientas podemos elaborar un
por qué certero, que centre a quienes busca convencer en
la próxima pregunta: el cómo.

5. HOW?

Una vez nos convencemos de <u>qué</u> debemos hacer y <u>por qué</u>, se aparece la pregunta mecánica: ¿<u>cómo</u> vamos a hacerlo? El <u>cómo</u> no se trata de otra cosa que del plan de acción. Cuando se comunica una intención de transformación siempre hay que tener una noción de <u>cómo</u> se va a hacer. Sin ella toda la estructura del mensaje que se comunica podría venirse abajo, pues de nada vale convencerlos del <u>qué</u> o del <u>por qué</u> si no tenemos idea de <u>cómo</u> se va a ejecutar. Entonces, cuando comunicamos el <u>cómo</u>, es fundamental referirse al plan de acción y los recursos que este requiere para ser implementado.

El plan de acción

Básicamente la idea es comunicar la metodología o la mecánica que se usará para alcanzar los objetivos. El plan de acción debe ser realista, creíble y ejecutable, por lo que no puede navegar en el abstracto, aunque en el proceso comunicacional es muy importante que se recurra a las imágenes poéticas o a las emociones como un mecanismo motivacional. ¿Recuerdan el mensaje de Kennedy del capítulo anterior? Su <u>cómo</u> era un "cohete de metal de más de 300 pies de altura", que sería desarrollado por los mejores científicos del país, con aleaciones que no habían sido inventadas y con una cartera abultada. Dentro de ese extenso y emotivo mensaje, estaba clara la metodología a utilizarse.

Otro ejemplo de ese proceder lo dio Nelson Mandela en su legendario discurso de toma de posesión como presidente de Sudáfrica tras ser liberado y acabarse la segregación racial. Mandela tenía ante sí un gran desafío, el de unir a un país destruido por un régimen, el apartheid, que creó un rencor entre las comunidades negra y blanca que pocos creían llegaría a disiparse. Pero Mandela lo logró, y lo consiguió predicado con el ejemplo desde el mismo primer día que tomó el poder como máximo dirigente.

Al asumir la presidencia de Sudáfrica, Mandela pronunció el siguiente discurso, dado el 10 de mayo de 1994, en el cual hizo un emotivo llamamiento a la unidad racial en su dividido país. Lo hizo con una convicción y temple sólo guardadas a seres humanos de su categoría, pero la lección de este mensaje está en el método que él utilizó para dar el primer paso, la amnistía. Echemos un vistazo al discurso:

> "En el día de hoy, todos nosotros, mediante nuestra presencia aquí y mediante celebraciones en otras partes de nuestro país y del mundo, conferimos esplendor y esperanza a la libertad recién nacida. De la experiencia de una desmesurada catástrofe humana que ha durado demasiado tiempo debe nacer una sociedad de la que toda la Humanidad se sienta orgullosa.
> Nuestros actos diarios como sudafricanos comunes deben producir una auténtica realidad sudafricana que reafirme la creencia de la Humanidad en la justicia, refuerce su confianza en la nobleza del alma humana y dé aliento a todas nuestras esperanzas de una vida espléndida para todos. Todo esto nos lo debemos a nosotros mismos y se lo debemos a los pueblos del mundo que tan bien representados están hoy aquí.
> Sin la menor vacilación digo a mis compatriotas que cada uno de nosotros está íntimamente arraigado en el suelo de este hermoso país, igual que lo están los famosos jacarandás de Pretoria y las mimosas del Bushveld. Cada vez que uno de nosotros toca el

suelo de esta tierra, experimentamos una sensación de renovación personal. El clima de la nación cambia a medida que lo hacen también las estaciones. Una sensación de júbilo y euforia nos conmueve cuando la hierba se torna verde y las flores se abren. Esa unidad espiritual y física que todos compartimos con esta patria común explica la profundidad del dolor que albergamos en nuestro corazón al ver <u>cómo</u> nuestro país se hacía pedazos a causa de un terrible conflicto, al verlo rechazado, proscrito y aislado por los pueblos del mundo, precisamente por haberse convertido en la sede universal de la ideología y la práctica perniciosas del racismo y la opresión racial.

Nosotros, el pueblo sudafricano, nos sentimos satisfechos de que la Humanidad haya vuelto a acogernos en su seno; de que nosotros, que no hace tanto estábamos proscritos, hayamos recibido hoy el inusitado privilegio de ser los anfitriones de las naciones del mundo en nuestro propio territorio. Les damos las gracias a todos nuestros distinguidos huéspedes internacionales por haber acudido a tomar posesión, junto con el pueblo de nuestro país, de lo que es, a fin de cuentas, una victoria común de la justicia, de la paz, de la dignidad humana. Confiamos en que continuarán ofreciéndonos su apoyo a medida que nos enfrentemos a los retos de la construcción de la paz, la prosperidad, la democracia, la erradicación del sexismo y del racismo.

Apreciamos hondamente el papel que el conjunto de nuestro pueblo, así como sus líderes de masas, políticos, religiosos, jóvenes, empresarios, tradicionales y muchos otros, tanto hombres como mujeres, han desempeñado para provocar este desenlace. De entre todos ellos, mi segundo vicepresidente, el honorable F.W. de Klerk, es uno de los más significativos. También nos gustaría rendir tributo a nuestras fuerzas de seguridad, a todas sus filas, por el distinguido papel que han desempeñado en la salvaguarda de nuestras primeras elecciones democráticas, así como de la transición a la democracia, protegiéndonos de fuerzas sanguinarias que continúan negándose a ver la luz.

Ha llegado el momento de curar las heridas. El momento de salvar los abismos que nos dividen. Nos ha llegado el momento de construir. Al fin hemos logrado la emancipación política. Nos comprometemos a liberar a todo nuestro pueblo del persistente cautiverio de la pobreza, las privaciones, el sufrimiento, la discriminación de género así como de cualquier otra clase. Hemos logrado dar los últimos pasos hacia la libertad en relativas condiciones de paz. Nos comprometemos a construir una paz completa, justa y perdurable. Hemos triunfado en nuestro intento de implantar esperanza en el seno de millones de los nuestros.

Contraemos el compromiso de construir una sociedad en la que todos los sudafricanos, tanto negros como blancos, puedan caminar con la cabeza alta, sin ningún miedo en el corazón, seguros de contar con el derecho inalienable a la dignidad humana: una nación irisada, en paz consigo misma y con el mundo.

Como muestra de este compromiso de renovación de nuestro país, el nuevo gobierno provisional de unidad nacional, puesto que es apremiante, aborda el tema de la amnistía para gente nuestra de diversa condición que actualmente se encuentra cumpliendo condena. Dedicamos el día de hoy a todos los héroes y las heroínas de este país y del resto del mundo que se han sacrificado de numerosas formas y han ofrendado su vida para que pudiéramos ser libres. Sus sueños se han hecho realidad. La libertad es su recompensa. Nos sentimos a la par humildes y enaltecidos por el honor y el privilegio que ustedes, el pueblo sudafricano, nos han conferido como primer presidente de una Sudáfrica unida, democrática, no racista y no sexista, para conducir a nuestro país fuera de este valle de oscuridad.

Aun así, somos conscientes de que el camino hacia la libertad no es sencillo. Bien sabemos que ninguno de nosotros puede lograr el éxito actuando en soledad. Por consiguiente, debemos actuar en conjunto, como un pueblo unido, para lograr la reconciliación nacional y la construcción de la nación, para alentar el nacimiento de un nuevo mundo.

Que haya justicia para todos. Que haya paz para todos. Que haya trabajo, pan, agua y sal para todos. Que cada uno de nosotros sepa que todo cuerpo, toda mente y toda alma han sido liberados para que puedan sentirse realizados. Nunca, nunca jamás volverá a suceder que esta hermosa tierra experimente de nuevo la opresión de los unos sobre los otros, ni que sufra la humillación de ser la escoria del mundo. Que impere la libertad. El sol jamás se pondrá sobre un logro humano tan esplendoroso. Que Dios bendiga a África. Muchas gracias".

Como ve, Mandela usó la amnistía como su arma para lograr arrancar el proceso de unidad nacional. Y eso era un tema central de debate en Sudáfrica, pues la amnistía no incluía solo a los negros, sino también a los blancos, aquellos considerados los opresores. La amnistía de Mandela liberó a miles de personas, esencialmente negras, que batallaron contra el régimen, aunque también había blancos incluidos entre ellos. Pero también permitió que miles de radicales defensores del sistema racista no fueran procesados por sus crímenes o por empujar un estilo de vida inhumano. Fue allí donde Mandela encontró <u>cómo</u> empezar a sanar las heridas de su nación. Así vemos <u>cómo</u> este discurso está lleno de imágenes hermosas evocando la libertad y la unidad, pero incluye un mecanismo concreto de acción, la amnistía.

Los recursos

Luego de explicar la idea central de su proceso de ejecución, es turno de asignar los recursos para que pueda llevarse a cabo. Una vez se diga cuál es la mecánica a utilizar, las preguntas que surgirán son: ¿Habrá dinero para esto? ¿Tendremos ayuda experta? ¿<u>Quién</u> estará a cargo? Por lo tanto, tener respuestas a cada una de ellas dará claridad y credibilidad al mensaje.

Haga claro si se van a asignar recursos económicos, explique su alcance y <u>por qué</u> los está destinando a ese uso y no al día a día. Explique <u>cómo</u> asignar esos recursos los afectará, sea para bien o para mal, y si no tiene dinero, diga sin miedo que tendrán que usar lo que hay disponible en el momento. Deje claro si habrá algún tipo de consultoría disponible, interna o externa. Y, por sobre todas las cosas, no deje dudas de <u>quién</u> estará a cargo, pues no decir eso con claridad generará un serio clima de incertidumbre. Ese tema de asignar el proyecto a alguien nos lleva al siguiente capítulo, en el cual tratamos el <u>quién</u>.

6. WHO?

A veces, cuando queremos comunicar algún cambio, mala noticia o proyecto, nos olvidamos de lo más fundamental: los seres humanos. El quién se trata de eso, de a quién afecta lo que comunicamos, de quién estará a cargo, de si les costará dinero, de su seguridad de empleo, de "cómo me impacta a mí".

La sutileza de tener en cuenta el factor humano en el proceso de comunicación lo llevará a centrarse en cuatro puntos a la hora de llevar su mensaje:
- Los efectos
- La cadena de mando
- Roles
- Adiestramiento

Los efectos

Enfocarse en la gente y su realidad, generar esa empatía, es parte de la responsabilidad de cualquier proceso de comunicación. Si olvidamos darle el toque humano a lo que queremos comunicar perderemos la pelea, no habrá pasión. Hay que encontrar la fibra humana y manipularla con delicadeza. Pero es igualmente importante que comuniquemos con total claridad los efectos de lo que se quiere trabajar.

Cuando algún evento, proceso o hecho requiere de un plan de comunicación significa que es importante y, por ende, afectará a la gente. Así las cosas, evite la tentación de ocultar información ante su audiencia objetivo, pues a la larga se sabrá que la ocultó y quedará muy mal parado. No hay nada más efectivo que la red comunicacional de los pasillos (hoy potenciada con los mensajes de texto, emails, redes sociales, etc.), por lo que jamás crea que su secreto está seguro. Pensar así es soñar con pajaritos preñados o ser ingenuo hasta la estupidez.

Si hay algo que no puede comunicar, dígalo así: "tengo más detalles de los efectos de esta decisión a la mano, pero en este momento no puedo comentarlos, los comunicaré tan pronto esté en posición de hacerlos públicos". Eso es todo, sin rodeos.

Comunicar con claridad los efectos aplacará la curiosidad y la incertidumbre de lo que al final es lo verdaderamente importante para la gente: "¿cómo todo esto me afecta a mí?". Los seres humanos siempre pensamos en nosotros primero, nada de plantearse qué pasará con sus compañeros o con la organización, eso se pregunta después. Lo inmediato es saber qué pasará conmigo... Y usted tiene que responder a esa interrogante con toda la claridad que las circunstancias le permitan, sin mentiras y sin ocultar lo obvio.

Y recuerde que el orden es importante: primero, lo que le afecta a la gente de manera individual; segundo, lo que afecta al equipo de trabajo inmediato; tercero, lo que afecta a la organización o ente como colectivo.

La cadena de mando

¿Quién está cargo? Y cuándo no está, ¿quién toma las decisiones? De eso se trata la cadena de mando. Cualquier iniciativa sin alguien a cargo no tiene futuro. En eso soy medio militar. Claro, creo en el trabajo en equipo como mecánica de transformación, pero pienso que ellos funcionan sólo si hay un líder eficiente que los encabece, los enfoque y los ponga de acuerdo. Así que comunique con efectividad <u>quién</u> es el líder a cargo (puede ser usted mismo, claro está), <u>quién</u> conforma el equipo de trabajo y de ese grupo elija <u>quién</u> es el segundo en mando. Exprese con claridad las competencias de ellos y el alcance de sus funciones, para que no haya abusos de poder pero tampoco carencia de él. Defina los roles de cada cuál, no los deje a la suerte. Muchos proyectos se hunden porque desde el principio no se deja claro <u>quién</u> está a cargo y cuál es el equipo. Tome nota de eso a la hora de comunicar cualquier asunto.

Roles

El eterno problema. ¿<u>Qué</u> pinto yo en todo esto? Como ya indiqué, los seres humanos pensamos en nosotros primero, luego en el de al lado y finalmente en la generalidad. Defina con claridad <u>qué</u> espera de cada quien. No es que vaya donde cada uno a comentárselo (habrá procesos que sí requieren de eso), pero es fundamental que elabore un discurso lo suficientemente genérico como para que cada uno se dé por aludido.

Volvamos a Kennedy. En su mensaje de investidura en enero de 1961, el entonces presidente de Estados Unidos lanzó un desafío de transformación al país con una declaración que puso a pensar a cada estadounidense vivo en aquella época: "No preguntes lo que tu país puede hacer por ti, pregunta lo que tú puedes hacer por tu país". ¡Magistral!!! Puede elaborar un mensaje en esta ruta: "De los equis espero compromiso total y apoyo experto, los ye deben ser pacientes y esperar su turno para entrar al proceso y de los zeta espero entendimiento y solidaridad, pues son el grupo más afectado". Explicados bien los roles, el cuestionamiento que hay que liquidar es sobre la capacitación. Y a ese punto vamos ahora.

El adiestramiento

Finalmente, evalúe si lo que comunicará tendrá implicaciones en las herramientas, procesos o capacidades de quienes recibirán su mensaje. Si es así, explique que habrá capacitación y, si está en posición de hacerlo, diga cuál será el proceso y cómo lo ejecutará. Eso calma mucho a la gente, pues sabe que tendrá una oportunidad de ajuste a través del adiestramiento y que no se quedarán en el aire. Normalmente la referencia a la capacitación cierra el ciclo del quién y entonces vienen las preguntas más procesales, como el cuándo y dónde.

7. WHEN & WHERE?

El <u>cuándo</u> y el <u>dónde</u> parecerían no tener mayor importancia, pero se equivoca mucho si subestima estas preguntas en su proceso comunicación. Estos son planteamientos de tiempo y espacio, por lo que son fundamentales para que los seres humanos se sientan seguros y ubicados. Así que tómelas en serio.

El <u>cuándo</u>

Básicamente aquí nos referimos al tiempo o *timing* de los eventos. Para la gente es importante saber a partir de <u>cuándo</u> arranca la cosa, si es permanente, si tiene un cierre o *deadline*, y cuáles son los eventos críticos en el plan de trabajo o en el proceso de cambio que se quiere comunicar.

Al comunicar su mensaje sea específico en los tiempos, sobre todo, con la fecha de inicio y la de cierre. Si elige tener recursos audiovisuales, elabore un *timeline* en una gráfica que sea fácil de seguir y que recoja los eventos más importantes y para <u>cuándo</u> deben estar completados. Si no puede comunicar tiempos exactos, dé un aproximado, y si el mensaje es que su anuncio tiene un carácter permanente, dígalo sin titubeos. No pase por alto jamás revelar la fecha o momento de inicio, es lo más que inquietará a su audiencia.

El dónde

Podría sonar absurdo, pero como entes sociales uno de los aspectos más importantes para los seres humanos es el espacio físico o el lugar en el cual se desarrolla su vida. Dar un espacio físico, un contexto tangible a la comunicación, es una herramienta fundamental para un mensaje efectivo.

Contar en su relato dónde va a desarrollarse la acción, es por lo tanto, prioritario. Escoja un espacio físico que aglutine el equipo que estará trabajando, si ese fuera el caso, y prepárelo para recibirlos, como una especie de *war room* o sitio de encuentro. Que los afectados sepan que allí es donde se están tomando las decisiones. Ese lugar también puede ser un espacio de compartir ideas, de encontrar información de referencia, para celebrar reuniones, etc. En fin, ese lugar debe reflejar el espíritu de su mensaje, una especie de "rostro espacial" de su propuesta y debe ser decorado reflejando los preceptos fundamentales de su comunicación.

8. EL ROLLO DEL "WHICH?"

¿Cuál?

Qué preguntita esa. Esta no está incluida en la fórmula de la pirámide invertida que se usa en el periodismo, pero es utilizada tanto como las famosas *5W's & 1H* que dan base a la información noticiosa. Y es que el cuál tiene posibilidades infinitas a la hora de brindar información en un proceso de comunicación.

Una vez respondidas las seis preguntas fundamentales que aquí discutimos, plantéese todas las posibles combinaciones que incluyan el cuál a manera de pregunta. Póngase en los calzones de su audiencia y entienda sus preocupaciones. Comprenda que mientras las *5W's & 1H* mira la generalidad del proceso de comunicación de información, el cuál se trata de los detalles. Y por ahí anda ese viejo adagio de que "el diablo está en los detalles".

Si bien es importante destacar que en los procesos de comunicación no hay que ahogarse en los detalles, vale la pena resaltar que tampoco hay que ignorarlos, por lo que prestar atención a ellos debe ser parte de su estrategia. Responder a preguntas generadas por el cuál le dará valiosa información que podrá eliminar dudas concretas en su receptor.

Además, el <u>cuál</u> es una manera de añadir amplitudes a preguntas más generales como el <u>qué</u>, el <u>quién</u> o el <u>cómo</u>. No lo deje, por lo tanto, abandonado, al contrario, aproveche sus bondades para que su plan de comunicación sea más efectivo. Elabore todos los <u>cuál</u> que sean necesarios y busque sus respuestas.

9. ESA PREGUNTA QUE DUELE...
HOW MUCH?

OMG!

Esta sí que es clásica y es otra de esas que hay que sumar a la fórmula de las *5W's* & *1H*. Muchas veces nos lanzamos a comunicar cosas y no nos sentamos a pensar <u>cuánto</u> nos cuesta, tanto el anuncio que estamos haciendo, como el proceso en sí de llevar a cabo la comunicación. Mantener los costos bajo control es fundamental y armar procesos de comunicación de acuerdo a su realidad presupuestaria es un tema de disciplina inviolable.

A nadie le gusta salir de compras con la chequera cerrada, por lo tanto, tampoco se trata de ser tacaño, aunque ser opulento en exceso igualmente no tiene sentido. Sea razonable y realista con los costos. No contrate a Ricky Martin para anunciar un aumento de sueldo, pero tampoco haga una fiesta de Navidad sin comida. Sea, en pocas palabras, proporcional a sus capacidades.

He participado en todo tipo de iniciativas de comunicación. Comités que se reúnen a buscar las mejores ideas para comunicar mensajes a la gente. Pero nunca se habla de presupuesto, de <u>cuánto</u> dinero hay, de modo que el proceso creativo se mantenga dentro de unos límites. Al final, se choca con la realidad y el clásico "no hay dinero para eso".

Es su deber entonces dejar claro cuáles son los recursos con los que se cuenta. Dé un presupuesto claro y proporcional a lo que se quiere comunicar, así todo el mundo quedará contento.

10. EL CIERRE

Bueno, si llegó hasta aquí se lo agradezco. Eso tiene tres posibilidades: que usted es un masoquista, que no tenía nada mejor que hacer con su tiempo o que efectivamente este libro le sirvió para algo. Claro, para darle mantenimiento a mi ego, me encantaría saber que la última de las tres es la principal motivación. :-)

Ya en serio. Como dije al inicio, este no es un libro de periodismo y tampoco espero creerme una especie de gurú. Las ideas, vivencias o perspectivas que escribí aquí surgen de años de experiencia manejando información y de exponerme a múltiples procesos de comunicación, algunos de ellos muy mal ejecutados.

Varias de estas ideas han sido difíciles de concretar incluso para mí, pero las comparto porque después de tantos años de probar mecanismos comunicacionales he llegado a la conclusión de que lo simple es lo que mejor funciona.

Trate este método sencillo en sus conversaciones personales, con sus equipos, en alocuciones generales, en discursos y/o en presentaciones. Póngalo a prueba en cualquier comunicación que requiera anunciar cambios, verá que funcionará, no importa si habla a una persona o al planeta entero. Como señalé, si toda una industria global se ha cimentado en responder estas preguntas, imagínese lo que ellas harán por usted y sus intenciones de llevar un mensaje.

Espero que este libro sea solo el primer paso de una gran relación. Ya estoy pensando en el segundo, más dirigido a <u>cómo</u> aplicar este sistema de relaciones personales, a reuniones de equipo, discursos, etc. Veamos si prospera.

Mientras, pueden encontrarme en mis perfiles de redes sociales:

Twitter: @BenjaminMorales
Facebook: Benjamín Morales Meléndez
LinkedIn: Benjamín Morales Meléndez

Un abrazo agradecido y mucho éxito en todos los proyectos que emprenda de ahora en adelante,
Benjamín.

CATALEJO CONSULTANTS CORP.

Es una firma de consultoría centrada en los aspectos estratégicos de los medios de comunicación, agencias de publicidad, empresas, organizaciones sin fines de lucro, entidades políticas y gubernamentales, entre otros. Su finalidad es ayudar a sus clientes a optimizar sus procesos de comunicación, asesorar en las mejores prácticas para el manejo de contenido y la operación de las plataformas digitales y las redes sociales, así como estar al día en las últimas tendencias del mercado y los conceptos de *change management*. Sus servicios están disponibles para Puerto Rico, Estados Unidos y toda América Latina. Información en: catalejoconsultants@gmail.com